KB192958

결심해요

나 _____은(는)
마태복음 말씀을 또박또박 쓰고
성경 이야기 그림을 쓱쓱 색칠하며
예수님을 아는 어린이가 될래요.

시작한 날 _____년 _____월 _____일

다한 날 _____년 _____월 _____일

지은이 황선욱

아이들의 시선이 영원한 하나님의 말씀에 머물길 소망하는 목회자입니다. 한세대학교와 한세대학원에서 공부했으며 풀러신학대학교에서 선교학 박사 과정 중에 있습니다. 여의도순복음교회에서 성장해, 모 교회의 청소년, 청년 사역자로 일했으며 미국 하와이와 시카고에서 이민 교회를 섬겼습니다. 이후 한국으로 돌아와 여의도순복음분당교회 담임목사로 교회를 섬기고 있습니다.

교역자들과 함께 어린이 필사 노트를 제작해 오며 교회학교 아이들이 예수님과 함께 사순절을 보내는 모습을 경험했습니다. 더 많은 아이가 예수님을 만날 수 있도록 이 책을 펴냈습니다. 마태복음을 따라 쓰고 성경 이야기 그림을 색칠하며 예수님의 십자가와 부활을 묵상하도록 돕는 이 책을 통해 예수님으로 가득한 사순절을 보내게 될 것입니다. 또한 느헤미야의 회복의 메시지를 담은 《새로고침》(두란노)을 펴냈습니다.

디자인 변예슬 | 일러스트 오윤정

예수님과 함께하기 : 사순절

지은이 | 황선욱
초판 발행 | 2024. 2. 6
등록번호 | 제 1988-000080 호
등록된 곳 | 서울특별시 용산구 서빙고로65길 38
발행처 | 사단법인 두란노서원
영업부 | 2078-3352   FAX | 080-749-3705
출판부 | 2078-3331

책값은 뒤표지에 있습니다.
ISBN 978-89-531-4794-2 03230

독자의 의견을 기다립니다.
tpress@duranno.com www.duranno.com

ⓒ 이 출판물은 저작권법에 의해 보호를 받는 저작물이므로
   무단 전재와 무단 복제, 무단 사용을 할 수 없습니다.

두란노서원은 바울 사도가 3차 전도여행 때 에베소에서 성령 받은 제자들을 따로 세워 하나님의 말씀으로 양육하던 장소입니다. 사도행전 19장 8-20절의 정신에 따라 첫째 목회자를 돕는 사역과 평신도를 훈련시키는 사역, 둘째 세계선교(TIM)와 문서선교(단행본·잡지) 사역, 셋째 예수문화 및 경배와 찬양 사역, 그리고 가정·상담 사역 등을 감당하고 있습니다. 1980년 12월 22일에 창립된 두란노서원은 주님 오실 때까지 이 사역들을 계속할 것입니다.

• 따라 쓰고 색칠하는 주제별 어린이 필사 노트 •

예수님과 함께하기

사순절

| 황선욱 지음 |

두란노

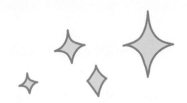

5일

예수님의 사람은
복이 있어요

마태복음 5:3-12

6일

빛과 소금 같은
어린이가 되어요

마태복음 5:13-16

7일

예수님이
나병 환자를
고치셨어요

마태복음 8:1-4

8일

예수님이
백부장의 하인을
고치셨어요

마태복음 8:5-13

9일

예수님을 따르는
어린이가 되어요

마태복음 8:18-22

12일

예수님이
열두 제자를
부르셨어요

마태복음 10:1-4

11일

예수님이
귀신 들려 말 못하는
사람을 고치셨어요

마태복음 9:32-34

둘째 주일

두 맹인의
눈을 뜨게 하신
예수님

마태복음 9:27-31

10일

예수님이
귀신 들린 두 사람을
고치셨어요

마태복음 8:28-34

22일

베드로처럼
예수님을 그리스도로
고백해요

마태복음 16:13-20

넷째 주일

영광스런 모습으로
변하신 예수님

마태복음 17:1-8

23일

예수님이
귀신 들린 아이를
고치셨어요

마태복음 17:14-20

24일

천국에 들어가는
어린이가 되어요

마태복음 18:1-5

25일

하나님이
잃어버린 양을
찾으세요

마태복음 18:10-14

다섯째 주일

포도원의 일꾼들

마태복음 20:11-16

28일

영원한 상을 위해
예수님을 따라가요

마태복음 19:23-30

27일

예수님이
부자 청년에게
영원한 생명을
가르쳐 주셨어요

마태복음 19:16-22

26일

예수님이
어린아이들을
축복하셨어요

마태복음 19:13-15

38일

예수님이
십자가에
못 박히셨어요

마태복음 27:32-44

39일

예수님이
숨을 거두셨어요

마태복음 27:45-56

40일

예수님이 무덤에
묻히셨어요

마태복음 27:57-61

부활 주일

부활하신 예수님

마태복음 28:5-10

추천의 글

황선욱 여의도순복음분당교회 담임목사님이 교회학교 교역자들과 함께《예수님과 함께하기: 사순절》을 출간하게 된 것을 진심으로 축하합니다. 특별히 이번 책은 마태복음 안에 펼쳐진 예수님의 발걸음을 40일 동안 따라갑니다. 성경 속 예수님을 우리의 삶 가운데 경험하도록 돕는 목적에서 제작되었습니다.

마태복음은 왕(메시아)으로 오신 예수님을 강조합니다. "아브라함과 다윗의 자손 예수 그리스도의 계보라"(마 1:1). 예수님의 족보를 알리는 마태복음의 첫 구절은 구약의 예언들이 예수님을 통해 이루어졌음을 보여 줍니다. 예수님은 온 인류의 죄를 없애기 위해 이 땅에 오셨습니다.

이 귀한 책을 통하여 교회학교 어린이와 성도님들의 마음에 예수님이 가득해지기를 바랍니다. 모두가 예수님을 닮은 제자로 변화되기를 기도합니다.

여의도순복음교회 담임목사

이영훈

머리말

오늘날 우리는 다양한 대중매체를 통해 언제든지 원하는 정보에 접근하고 읽을 수 있는 '인스턴트' 시대를 살아가고 있습니다. 수년 전 아이들의 시선이 이러한 세상이 아니라 영원한 하나님의 말씀에 머물기를 바라는 거룩한 욕심이 생겼습니다. 교회학교 교역자들과 함께 이 책을 펴낸 이유입니다.

이 책은 사순절 동안 우리 아이들이 성경 이야기 그림을 색칠하고 마태복음을 따라 쓰며 예수님의 십자가와 부활의 승리에 초점을 맞출 수 있도록 제작되었습니다. 보다 많은 가정에서 부모와 자녀들이, 그리고 소중한 한 아이, 한 아이가 성경 이야기 그림을 색칠하고 마태복음을 따라 쓰며 예수 그리스도로 충만케 되고, 삶에서 예수 그리스도가 배어 나오기를 소원합니다.

이번에는 특별히 도서출판 두란노에서 책을 출간하게 되었습니다. 출간을 위해 함께 수고해 주신 모든 분에게 감사드립니다. 마지막으로 우리 여의도순복음분당교회 교회학교 교역자, 교사, 학부모, 학생 모두 사랑합니다!

여의도순복음분당교회 담임목사

황선욱

7

이렇게 사용해요

예수님과 함께하는 40일

1 제목을 읽어요

그날의 제목을 부모님과 함께 큰 목소리로 읽어요.

2 그림을 색칠해요

성경 이야기 그림을 자유롭게 색칠해요.
누가 등장하나요? 어떤 상황일까요?
마음껏 상상하며 부모님께 설명해요.

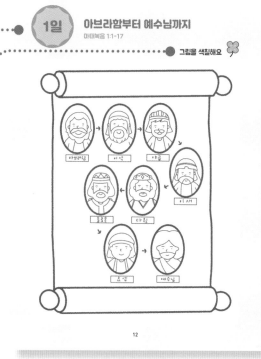

1일 아브라함부터 예수님까지
마태복음 1:1-17

그림을 색칠해요

12

3 말씀을 따라 써요

마태복음 말씀을 또박또박 따라 쓰며
예수님을 알아 가요.

4 예수님께 기도해요

예수님이 우리의 기도를 듣고 계세요.
"예수님!" 크게 세 번 외치고 기도문을 따라 읽으며
기도해요.

5 완성표를 오려 붙여요

절취선에 따라 완성표를 오려요. 책 뒤에 있는
'예수님과 함께하는 40일 실천표'에 붙여 주세요.

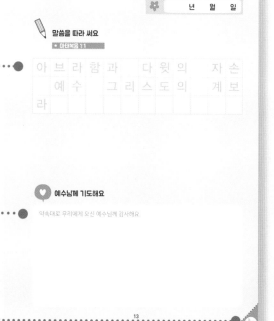

년 월 일

말씀을 따라 써요
● 마태복음 1:1

아	브	라	함	과		다	윗	의		자	손
		예	수		그	리	스	도	의		계	보
라											

예수님께 기도해요
약속대로 우리에게 오신 예수님께 감사해요

13

온 가족 가정예배

주일마다 온 가족이 모여 특별한 예배를 드려요.
예배 시간을 정하여 한곳에 모여 주세요.

1 기도로 가정예배를 준비해요

기도로 예배를 시작해요.

2 마음 다해 찬양해요

주어진 찬양을 마음 다해 불러요.
다른 찬양을 대신 불러도 좋아요.

3 함께 성경을 읽어요

성경을 펴고, '오늘의 성경 말씀'을 가족과
한 구절씩 돌아가며 읽어요.

4 말씀을 따라 써요

온 가족이 둘러앉아 주어진 말씀을 따라 써요.
쓰기가 어렵다면 손도장이나 스티커로
따라 쓰기를 완성해도 좋아요.

5 도란도란 이야기해요

제시된 질문에 대답하며 가족과 이야기 나눠요.

6 서로를 축복하며 기도해요

매주 기도 대표자를 뽑아서
축복 기도문을 소리 내 읽어요.
온 가족이 두 손을 잡고, 서로를 꽉 껴안으며
축복하는 시간을 가져요.

사순절 둘째 주일

두 맹인의 눈을 뜨게 하신
예수님

▶▶ 기도로 가정예배를 준비해요

▶▶ 마음 다해 찬양해요

나의 믿음 주께 있네

나의 믿음 주께 있네 / 십자가 능력이 내 영광 되었네 / 주께서 우리를 승리케 하셨네 / 나의 능력 나의 소망 주께 있네

▶▶ 함께 성경을 읽어요

오늘의 성경 말씀: 마태복음 9:27-31

온 가족이 모여 성경을 펴고 한 사람씩 돌아가면서 읽어요.

✍ 말씀을 따라 써요

마태복음 9:27-31

27 예수께서 거기에서 떠나가실새 두 맹인이 따라오며 소리 질러 이르되 다윗의 자손이여 우리를 불쌍히 여기소서 하더니
28 예수께서 집에 들어가시매 맹인들이 그에게 나아오거늘 예수께서 이르시되 내가 능히 이 일 할 줄을 믿느냐 대답하되 주여 그러하오이다 하니
29 이에 예수께서 그들의 눈을 만지시며 이르시되 너희 믿음대로 되라 하시니
30 그 눈들이 밝아진지라 예수께서 엄히 경고하시되 삼가 아무에게도 알리지 말라 하셨으나
31 그들이 나가서 예수의 소문을 그 온 땅에 퍼뜨리니라

34

또박또박 따라 써요

▶▶ 도란도란 이야기해요

아래 질문으로 가족과 자유롭게 이야기 나눠요.

Q. 예수님이 믿음대로 이루어 주실 것을 믿나요? 믿음 안에서 이루어지길 소망하는 것들이 무엇인지 말해 보세요.

▶▶ 서로를 축복하며 기도해요

치료의 하나님, 오늘도 우리 가족이 함께 모여 하나님을 예배하게 하시니 감사합니다. 우리에게 능히 일하시는 예수님을 믿는 가정이 되게 해 주세요. 예수님의 이름으로 기도합니다. 아멘.

35

예수님과 함께하는 40일 실천표

따라 쓰고 색칠한 후 오린 완성표를

'예수님과 함께하는 40일 실천표'에

붙여 주세요.

예수님과 함께하다 보면 어느새

나만의 실천표를 완성하게 될 거예요.

40일 완독증

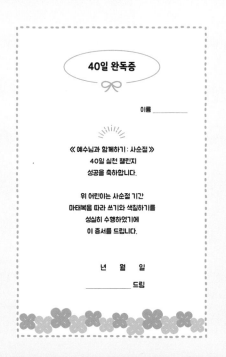

실천표를 다 채운 친구들을 위해

'40일 완독증'을 만들었어요.

40일 실천표를 완성하면 완독증을 받고

《예수님과 함께하기》 성공을 축하해요.

예수님과
함께하기

사순절

시작!

1일 아브라함부터 예수님까지

마태복음 1:1-17

그림을 색칠해요

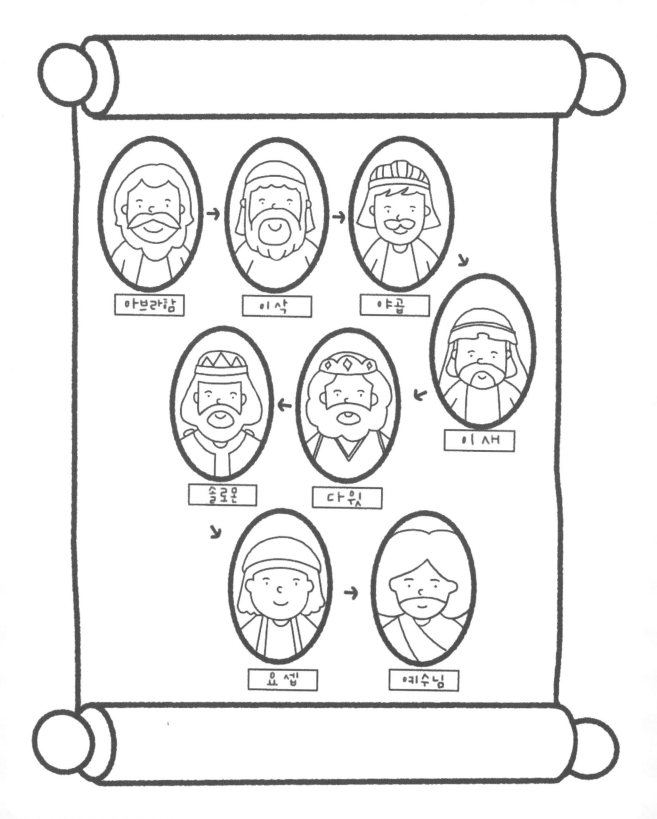

 말씀을 따라 써요

● 마태복음 1:1

아	브	라	함	과		다	윗	의		자	손
	예	수			그	리	스	도	의		계	보
라											

 예수님께 기도해요

약속대로 우리에게 오신 예수님께 감사해요.

2일

예수님이 세례(침례)를 받으셨어요

마태복음 3:13-17

그림을 색칠해요

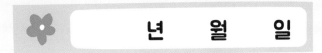

 말씀을 따라 써요

● 마태복음 3:17

하	늘	로	부	터		소	리	가		있	어
	말	씀	하	시	되		이	는		내	
사	랑	하	는		아	들	이	요		내	
기	뻐	하	는		자	라		하	시	니	라

 예수님께 기도해요

나의 죄를 깨끗하게 씻어 주시고 구원해 주셔서 감사해요.

3일

예수님이 시험에 승리하셨어요

마태복음 4:1-11

그림을 색칠해요

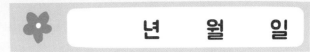

 말씀을 따라 써요

● 마태복음 4:1

그	때	에		예	수	께	서		성	령	에
게		이	끌	리	어		마	귀	에	게
시	험	을		받	으	러		광	야	로
가	사									

 예수님께 기도해요

마귀의 시험을 말씀으로 이겨 낼래요.

17

4일

예수님이 갈릴리에서 천국을 전파하셨어요

마태복음 4:12-17

그림을 색칠해요

18

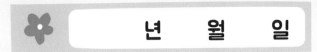

말씀을 따라 써요

- **마태복음 4:17**

이	때	부	터		예	수	께	서		비	로
소		전	파	하	여		이	르	시	되	
회	개	하	라		천	국	이		가	까	이
	왔	느	니	라		하	시	더	라		

 예수님께 기도해요

나도 많은 사람에게 복음을 전할 수 있도록 도와주세요.

가르치시며
전파하시며 고치심

 기도로 가정예배를 준비해요

 마음 다해 찬양해요

주님과 같이

주님과 같이 / 내 마음 만지는 분은 없네 / 오랜 세월 찾아 난 알았네 / 내겐 주밖에 없네 / 주 자비 강같이 흐르고 / 주 손길 치료하네 / 고통받는 자녀 품으시니 / 주밖에 없네

 함께 성경을 읽어요

오늘의 성경 말씀: 마태복음 4:23-25

온 가족이 모여 성경을 펴고 한 사람씩 돌아가면서 읽어요.

 말씀을 따라 써요

마태복음 4:23-25

23 예수께서 온 갈릴리에 두루 다니사 그들의 회당에서 가르치시며 천국 복음을 전파하시며 백성 중의 모든 병과 모든 약한 것을 고치시니

24 그의 소문이 온 수리아에 퍼진지라 사람들이 모든 앓는 자 곧 각종 병에 걸려서 고통당하는 자, 귀신 들린 자, 간질하는 자, 중풍병자들을 데려오니 그들을 고치시더라

25 갈릴리와 데가볼리와 예루살렘과 유대와 요단강 건너편에서 수많은 무리가 따르니라

또박또박 따라 써요

📢 도란도란 이야기해요

아래 질문으로 가족과 자유롭게 이야기 나눠요.

Q. 예수님이 우리를 고치시는 분임을 믿나요? 예수님의 복음으로 어떤 것들이 고쳐지면 좋을지 말해 보세요.

📢 서로를 축복하며 기도해요

우리에게 천국 복음을 주신 하나님, 가정예배를 통해 우리 가정에 변화와 소망의 말씀을 들려주시니 감사합니다. 예수님의 복음으로 우리의 모든 약한 부분을 고쳐 주세요. 예수님의 이름으로 기도합니다. 아멘.

5일

예수님의 사람은 복이 있어요
마태복음 5:3-12

그림을 색칠해요

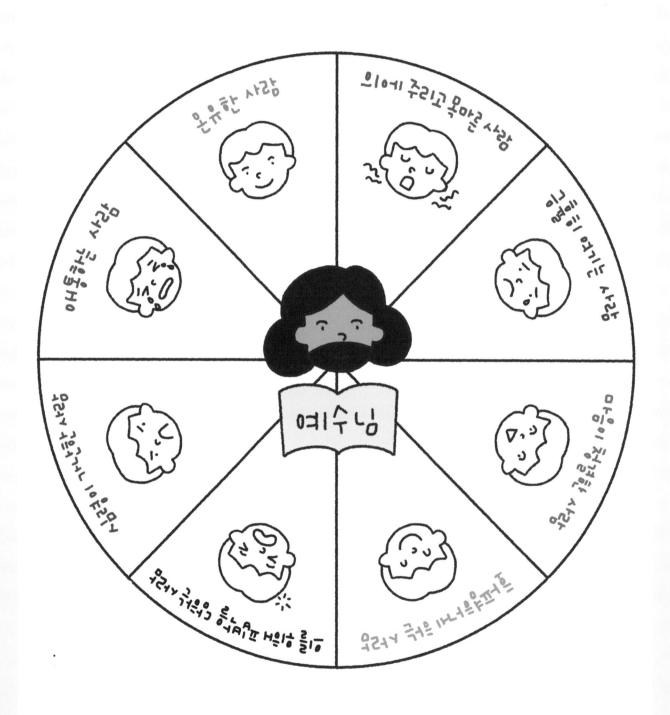

22

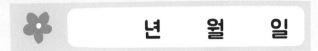

 말씀을 따라 써요

● **마태복음 5:3**

심	령	이		가	난	한		자	는		복
이		있	나	니		천	국	이		그	들
의		것	임	이	요						

 예수님께 기도해요

예수님이 말씀하신 복 있는 사람이 되게 해 주세요.

6일 빛과 소금 같은 어린이가 되어요

마태복음 5:13-16

그림을 색칠해요

말씀을 따라 써요

● 마태복음 5:13-14

너	희	는		세	상	의		소	금	이	니
소	금	이		만	일		그		맛	을
잃	으	면		무	엇	으	로		짜	게
	하	리	요		후	에	는		아	무
쓸	데	없	어		다	만		밖	에		버
려	져		사	람	에	게		밟	힐		뿐
이	니	라
너	희	는		세	상	의		빛	이	라
산		위	에		있	는		동	네	가
숨	겨	지	지		못	할		것	이	요

 예수님께 기도해요

우리가 세상의 빛과 소금이 될 수 있도록 도와주세요.

25

7일

예수님이 나병 환자를 고치셨어요

마태복음 8:1-4

그림을 색칠해요

26

말씀을 따라 써요

- **마태복음 8:3**

내	가		원	하	노	니		깨	끗	함	을
	받	으	라		하	시	니		즉	시	
그	의		나	병	이		깨	끗	하	여	진
지	라										

 예수님께 기도해요

우리의 모든 병을 고쳐 주세요.

27

8일

예수님이 백부장의 하인을 고치셨어요

마태복음 8:5-13

28

말씀을 따라 써요

• 마태복음 8:8

주	여		내		집	에		들	어	오	심
을		나	는		감	당	하	지		못	하
겠	사	오	니		다	만		말	씀	으	로
만		하	옵	소	서		그	러	면		내
	하	인	이		낫	겠	사	옵	나	이	다

 예수님께 기도해요

나에게도 백부장과 같은 믿음을 주세요.

그림을 색칠해요

여우굴

새둥지

나를 따르라!

예수님

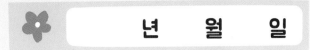

 말씀을 따라 써요

● 마태복음 8:20

여	우	도		굴	이		있	고		공	중
의		새	도		거	처	가		있	으	되
	인	자	는		머	리		둘		곳	이
	없	다									

 예수님께 기도해요

힘들고 어려워도 예수님을 따라갈 수 있도록 도와주세요.

10일

예수님이 귀신 들린 두 사람을 고치셨어요

마태복음 8:28-34

그림을 색칠해요

말씀을 따라 써요

● 마태복음 8:32

그	들	에	게		가	라		하	시	니
귀	신	들	이		나	와	서		돼	지	에
게	로		들	어	가	는	지	라		

 예수님께 기도해요

예수님의 이름으로 명하노니, 사탄아! 떠나가라!

33

두 맹인의 눈을 뜨게 하신 예수님

 기도로 가정예배를 준비해요

 마음 다해 찬양해요

나의 믿음 주께 있네

나의 믿음 주께 있네 / 십자가 능력이 내 영광 되었네 / 주께서 우리를 승리케 하셨네 / 나의 능력 나의 소망 주께 있네

 함께 성경을 읽어요

오늘의 성경 말씀: 마태복음 9:27-31

온 가족이 모여 성경을 펴고 한 사람씩 돌아가면서 읽어요.

 말씀을 따라 써요

마태복음 9:27-31

27 예수께서 거기에서 떠나가실새 두 맹인이 따라오며 소리 질러 이르되 다윗의 자손이여 우리를 불쌍히 여기소서 하더니

28 예수께서 집에 들어가시매 맹인들이 그에게 나아오거늘 예수께서 이르시되 내가 능히 이 일 할 줄을 믿느냐 대답하되 주여 그러하오이다 하니

29 이에 예수께서 그들의 눈을 만지시며 이르시되 너희 믿음대로 되라 하시니

30 그 눈들이 밝아진지라 예수께서 엄히 경고하시되 삼가 아무에게도 알리지 말라 하셨으나

31 그들이 나가서 예수의 소문을 그 온 땅에 퍼뜨리니라

또박또박 따라 써요

▷▷ 도란도란 이야기해요

아래 질문으로 가족과 자유롭게 이야기 나눠요.

Q. 예수님이 믿음대로 이루어 주실 것을 믿나요? 믿음 안에서 이루어지길 소망하는 것들이 무엇인지 말해 보세요.

▷▷ 서로를 축복하며 기도해요

치료의 하나님, 오늘도 우리 가족이 함께 모여 하나님을 예배하게 하시니 감사합니다. 우리에게 능히 일하시는 예수님을 믿는 가정이 되게 해 주세요. 예수님의 이름으로 기도합니다. 아멘.

11일

예수님이 귀신 들려
말 못하는 사람을 고치셨어요

마태복음 9:32-34

그림을 색칠해요

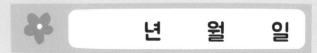

 말씀을 따라 써요

● 마태복음 9:33

귀	신	이		쫓	겨	나	고		말		못
하	는			사	람	이		말	하	거	늘

 예수님께 기도해요

모든 것을 가능하게 하는 믿음을 주신 예수님께 감사해요.

12일 예수님이 열두 제자를 부르셨어요

마태복음 10:1-4

그림을 색칠해요

예수님의 12 제자들

예수님

다대오	요한	베드로	야고보	빌립	바돌로매

마태	유다	안드레	시몬	도마	알패오의 아들 야고보

말씀을 따라 써요

● 마태복음 10:1

예	수	께	서		그	의		열	두		제
자	를		부	르	사		더	러	운		귀
신	을		쫓	아	내	며		모	든		병
과		모	든		약	한		것	을		고
치	는		권	능	을		주	시	니	라	

예수님께 기도해요

예수님이 부르시면 '네!' 하고 따르는 제자가 되고 싶어요.

39

13일 예수님이 열두 제자를 보내셨어요

마태복음 10:5-15

그림을 색칠해요

 말씀을 따라 써요

● 마태복음 10:7

가	면	서		전	파	하	여		말	하	되
	천	국	이		가	까	이		왔	다	
하	고										

 예수님께 기도해요

나를 통해 온 세상에 복음이 전해지도록 해 주세요.

41

말씀을 따라 써요

● 마태복음 11:10

보	라		내	가		내		사	자	를
네		앞	에		보	내	노	니		그	가
	네		길	을		네		앞	에		준
비	하	리	라							

 예수님께 기도해요

예수님의 길을 준비한 세례 요한처럼 예수님의 길을 준비하며 살아갈래요.

15일 예수님이 주신 쉼을 누려요

마태복음 11:25-30

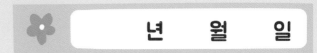

말씀을 따라 써요

● 마태복음 11:28

수	고	하	고		무	거	운		짐		진
	자	들	아		다		내	게	로		오
라		내	가		너	희	를		쉬	게	
하	리	라									

예수님께 기도해요

무거운 짐을 들어 주시는 예수님, 마음과 몸의 휴식을 주셔서 감사해요.

45

16일 예수님이 안식일의 주인이세요

마태복음 12:1-8

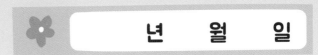

 말씀을 따라 써요

● 마태복음 12:8

인	자	는		안	식	일	의		주	인	이
니	라										

 예수님께 기도해요

안식일의 주인이신 예수님만을 예배해요.

천국 비유 1:
씨 뿌리는 사람

 기도로 가정예배를 준비해요

 마음 다해 찬양해요

다 와서 찬양해

다 와서 찬양해 사랑을 주신 주 찬양해 / 사랑의 우리 주님 생명 주셨네 / 소리쳐 찬양해 기쁨을 주시는 우리 왕 / 찬양의 제사 드리며 주님께 경배해 / 다 와서 찬양해 찬양해 찬양해 주님 / 찬양해 주님 우리 왕(X2)

 함께 성경을 읽어요

오늘의 성경 말씀: 마태복음 13:3-8

온 가족이 모여 성경을 펴고 한 사람씩 돌아가면서 읽어요.

 말씀을 따라 써요

마태복음 13:3-8

3 예수께서 비유로 여러 가지를 그들에게 말씀하여 이르시되 씨를 뿌리는 자가 뿌리러 나가서
4 뿌릴새 더러는 길가에 떨어지매 새들이 와서 먹어 버렸고
5 더러는 흙이 얕은 돌밭에 떨어지매 흙이 깊지 아니하므로 곧 싹이 나오나
6 해가 돋은 후에 타서 뿌리가 없으므로 말랐고
7 더러는 가시떨기 위에 떨어지매 가시가 자라서 기운을 막았고
8 더러는 좋은 땅에 떨어지매 어떤 것은 백 배, 어떤 것은 육십 배, 어떤 것은 삼십 배의 결실을 하였느니라

또박또박 따라 써요

◀▮◀ 도란도란 이야기해요

아래 질문으로 가족과 자유롭게 이야기 나눠요.

Q. 하나님이 나를 좋은 땅으로 변화시켜 주셨음을 믿나요? 하나님 안에서 맺고 싶은 믿음의 열매는 무엇인지 말해 보세요.

◀▮◀ 서로를 축복하며 기도해요

믿음의 씨앗을 뿌리시는 하나님, 예수님 안에서 우리를 좋은 땅으로 변화시켜 주심을 감사합니다. 주님 안에서 좋은 땅이 된 우리 가정이 날마다 믿음의 결실을 풍성히 맺을 수 있도록 인도해 주세요. 예수님의 이름으로 기도합니다. 아멘.

17일

천국 비유 2:
천국은 땅속에 묻힌 보화예요

마태복음 13:44

그림을 색칠해요

50

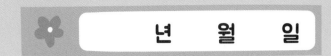

 말씀을 따라 써요

● 마태복음 13:44

천	국	은		마	치		밭	에		감	추
인		보	화	와		같	으	니			

 예수님께 기도해요

세상 어떤 것보다 값진 천국을 바라보며 살아가요.

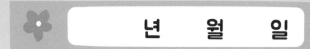

 말씀을 따라 써요

● 마태복음 13:58

그	들	이		믿	지		않	음	으	로	
말	미	암	아		거	기	서		많	은	
능	력	을		행	하	지		아	니	하	시
니	라										

 예수님께 기도해요

고향 사람들은 예수님을 믿지 않았지만, 나는 예수님을 믿고 싶어요.

53

19일

예수님이 5천 명을 먹이셨어요

마태복음 14:13-21

그림을 색칠해요

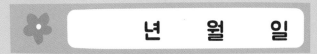

 말씀을 따라 써요

● 마태복음 14:20

다		배	불	리		먹	고		남	은	
조	각	을		열	두		바	구	니	에	
차	게		거	두	었	으	며				

 예수님께 기도해요

나에게 가장 필요한 것을 넘치도록 채워 주시는 예수님을 믿어요.

55

20일 예수님이 물 위를 걸으셨어요

마태복음 14:22-33

그림을 색칠해요

 말씀을 따라 써요

● 마태복음 14:31

예	수	께	서		즉	시		손	을		내
밀	어		그	를		붙	잡	으	시	며	
이	르	시	되		믿	음	이		작	은	
자	여		왜		의	심	하	였	느	냐	
하	시	고									

 예수님께 기도해요

바다에 빠진 베드로의 손을 잡아 주신 예수님! 마음이 어려울 때에 제 손도 잡아 주세요.

57

그림을 색칠해요

말씀을 따라 써요

● 마태복음 15:28

여	자	여		네		믿	음	이		크	도
다		네		소	원	대	로		되	리	라
	하	시	니		그	때	로	부	터		그
의		딸	이		나	으	니	라			

 예수님께 기도해요

예수님께 끝까지 기도하는 믿음을 갖게 도와주세요.

59

그림을 색칠해요

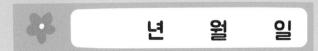

 말씀을 따라 써요

● **마태복음 16:16**

시	몬		베	드	로	가		대	답	하	여
	이	르	되		주	는		그	리	스	도
시	요		살	아		계	신		하	나	님
의		아	들	이	시	니	이	다			

 예수님께 기도해요

예수님은 그리스도시며 살아 계신 하나님의 아들이심을 믿어요.

61

영광스런 모습으로 변하신 예수님

 기도로 가정예배를 준비해요

 마음 다해 찬양해요

내 눈 주의 영광을 보네

내 눈 주의 영광을 보네 / 우리 가운데 계신 주님 / 그 빛난 영광 온 하늘 덮고 / 그 찬송 온 땅 가득해 / 내 눈 주의 영광을 보네 / 찬송 가운데 서신 주님 / 주님의 얼굴은 온 세상 향하네 / 권능의 팔을 드셨네 / 주의 영광 이곳에 가득해 / 우린 서네 주님과 함께 / 찬양하며 우리는 전진하리 / 모든 열방 주 볼 때까지

 함께 성경을 읽어요

오늘의 성경 말씀: 마태복음 17:1-8

온 가족이 모여 성경을 펴고 한 사람씩 돌아가면서 읽어요.

 말씀을 따라 써요

마태복음 17:1-8

1 엿새 후에 예수께서 베드로와 야고보와 그 형제 요한을 데리시고 따로 높은 산에 올라가셨더니
2 그들 앞에서 변형되사 그 얼굴이 해같이 빛나며 옷이 빛과 같이 희어졌더라
3 그때에 모세와 엘리야가 예수와 더불어 말하는 것이 그들에게 보이거늘
4 베드로가 예수께 여쭈어 이르되 주여 우리가 여기 있는 것이 좋사오니 만일 주께서 원하시면 내가 여기서 초막 셋을 짓되 하나는 주님을 위하여, 하나는 모세를 위하여, 하나는 엘리야를 위하여 하리이다
5 말할 때에 홀연히 빛난 구름이 그들을 덮으며 구름 속에서 소리가 나서 이르시되 이는 내 사랑하는 아들이요 내 기뻐하는 자니 너희는 그의 말을 들으라 하시는지라
6 제자들이 듣고 엎드려 심히 두려워하니
7 예수께서 나아와 그들에게 손을 대시며 이르시되 일어나라 두려워하지 말라 하시니
8 제자들이 눈을 들고 보매 오직 예수 외에는 아무도 보이지 아니하더라

또박또박 따라 써요

━━━━━━━━━━━━━━━━━━━━━━━━━━━━━━━━━━━━━

━━━━━━━━━━━━━━━━━━━━━━━━━━━━━━━━━━━━━

━━━━━━━━━━━━━━━━━━━━━━━━━━━━━━━━━━━━━

━━━━━━━━━━━━━━━━━━━━━━━━━━━━━━━━━━━━━

━━━━━━━━━━━━━━━━━━━━━━━━━━━━━━━━━━━━━

━━━━━━━━━━━━━━━━━━━━━━━━━━━━━━━━━━━━━

━━━━━━━━━━━━━━━━━━━━━━━━━━━━━━━━━━━━━

━━━━━━━━━━━━━━━━━━━━━━━━━━━━━━━━━━━━━

|||||▶ 도란도란 이야기해요

아래 질문으로 가족과 자유롭게 이야기 나눠요.

Q. 예수님이 하나님의 아들이심을 믿나요? 예수님이 나에게 어떤 말씀을 해 주시면 좋을까요?

|||||▶ 서로를 축복하며 기도해요

영광의 왕이신 하나님, 오늘도 우리에게 말씀해 주셔서 감사합니다. 우리에게 말씀하시고 영원히 함께하시는 예수님과 동행하게 해 주세요. 예수님의 이름으로 기도합니다. 아멘.

23일 예수님이 귀신 들린 아이를 고치셨어요

마태복음 17:14-20

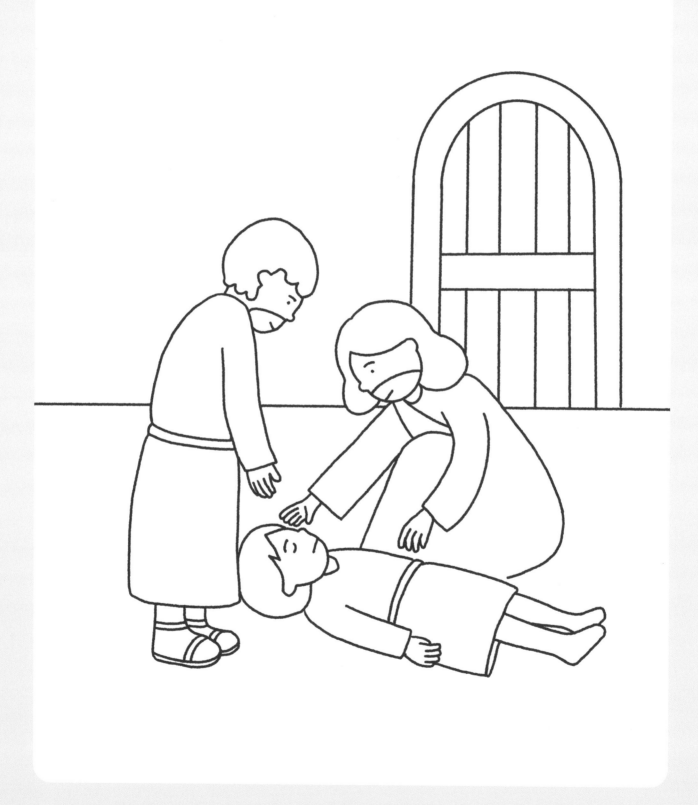

말씀을 따라 써요
● 마태복음 17:20

만	일		너	희	에	게		믿	음	이
겨	자	씨		한		알	만	큼	만	있
어	도		이		산	을		명	하	여
여	기	서		저	기	로		옮	겨	지	라
	하	면		옮	겨	질		것	이	요
또		너	희	가		못	할		것	이
없	으	리	라							

 예수님께 기도해요

겨자씨만 한 믿음을 가질 수 있도록 도와주세요.

24일

천국에 들어가는 어린이가 되어요
마태복음 18:1-5

그림을 색칠해요

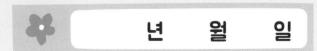

 말씀을 따라 써요

● **마태복음 18:4**

누	구	든	지		이		어	린	아	이	와
	같	이			자	기	를		낮	추	는
사	람	이			천	국	에	서		큰		자
니	라										

 예수님께 기도해요

예수님처럼 겸손한 사람이 될 수 있도록 도와주세요.

25일 하나님이 잃어버린 양을 찾으세요

마태복음 18:10-14

그림을 색칠해요

68

말씀을 따라 써요

이	와		같	이		이		작	은		자
	중	의		하	나	라	도		잃	는	
것	은		하	늘	에		계	신		너	희
	아	버	지	의		뜻	이		아	니	니
라											

 예수님께 기도해요

잃어버린 영혼이 하나님께 돌아왔으면 좋겠어요.

69

26일 예수님이 어린아이들을 축복하셨어요

마태복음 19:13-15

그림을 색칠해요

말씀을 따라 써요

● 마태복음 19:14

예	수	께	서		이	르	시	되		어	린
아	이	들	을		용	납	하	고		내	게
	오	는		것	을		금	하	지		말
라		천	국	이		이	런		사	람	의
	것	이	니	라		하	시	고			

예수님께 기도해요

나를 사랑해 주시고, 항상 함께해 주셔서 감사해요.

27일

예수님이 부자 청년에게 영원한 생명을 가르쳐 주셨어요

마태복음 19:16-22

그림을 색칠해요

말씀을 따라 써요

● 마태복음 19:21

가	서		네		소	유	를		팔	아	
가	난	한		자	들	에	게		주	라	
그	리	하	면		하	늘	에	서		보	화
가		네	게		있	으	리	라		그	리
고		와	서		나	를		따	르	라	

예수님께 기도해요

내가 가지고 있는 것을 나누고 하늘의 보물을 갖게 해 주세요.

28일 영원한 상을 위해
예수님을 따라가요

마태복음 19:23-30

말씀을 따라 써요

● **마태복음 19:25-26**

그	렇	다	면		누	가		구	원	을	
얻	을		수		있	으	리	이	까		
예	수	께	서		그	들	을		보	시	며
	이	르	시	되		사	람	으	로	는	
할		수		없	으	나		하	나	님	으
로	서	는		다		하	실		수		있
느	니	라									

 예수님께 기도해요

예수님을 따르는 것보다 소중한 것은 없어요.

75

포도원의 일꾼들

 기도로 가정예배를 준비해요

 마음 다해 찬양해요

나의 가장 낮은 마음

나의 가장 낮은 마음 주님께서 기뻐하시고 / 작은 일에 큰 기쁨을 느끼게 하시는도다 / 내가 지쳐 무력할 때 주님 내게 힘이 되시고 / 아름다운 하늘나라 내 맘에 주시는도다 / 우리에게 축복하신 하나님 사랑 / 낮은 자를 높여 주시고 / 아름다운 하늘나라 허락하시고 / 내 모든 것 예비하시네 / 찬양함에 기쁨을 감사함에 평안을 / 간구함에 하나님 알도록 하셨네

 함께 성경을 읽어요

오늘의 성경 말씀: 마태복음 20:1-16

온 가족이 모여 성경을 펴고 한 사람씩 돌아가면서 읽어요.

 말씀을 따라 써요

마태복음 20:11-16

11 받은 후 집주인을 원망하여 이르되

12 나중 온 이 사람들은 한 시간밖에 일하지 아니하였거늘 그들을 종일 수고하며 더위를 견딘 우리와 같게 하였나이다

13 주인이 그중의 한 사람에게 대답하여 이르되 친구여 내가 네게 잘못한 것이 없노라 네가 나와 한 데나리온의 약속을 하지 아니하였느냐

14 네 것이나 가지고 가라 나중 온 이 사람에게 너와 같이 주는 것이 내 뜻이니라

15 내 것을 가지고 내 뜻대로 할 것이 아니냐 내가 선하므로 네가 악하게 보느냐

16 이와 같이 나중 된 자로서 먼저 되고 먼저 된 자로서 나중 되리라

또박또박 따라 써요

🔊 도란도란 이야기해요

아래 질문으로 가족과 자유롭게 이야기 나눠요.

Q. 예수님으로 내가 천국 백성이 된 것을 믿나요? 천국 백성은 어떠한 삶을 살아야 할지 말해 보세요.

🔊 서로를 축복하며 기도해요

은혜의 하나님, 하나님의 은혜로 천국 백성 삼아 주심을 감사합니다. 우리 가정이 오직 하나님의 은혜를 바라보며 겸손한 삶을 살아갈 수 있도록 인도해 주세요. 예수님의 이름으로 기도합니다. 아멘.

 말씀을 따라 써요

● 마태복음 20:19

이	방	인	들	에	게		넘	겨	주	어
그	를		조	롱	하	며		채	찍	질	하
며		십	자	가	에		못		박	게
할		것	이	나		제	삼	일	에		살
아	나	리	라

 예수님께 기도해요

나를 위해 십자가에서 죽으시고 부활하신 예수님을 믿어요.

30일 예수님은 섬김을 위해 오셨어요

마태복음 20:20-28

말씀을 따라 써요

● 마태복음 20:28

인	자	가		온		것	은		섬	김	을
	받	으	려		함	이		아	니	라	
도	리	어		섬	기	려		하	고		자
기		목	숨	을		많	은		사	람	의
	대	속	물	로		주	려		함	이	니
라											

예수님께 기도해요

예수님처럼 섬기는 사람이 되고 싶어요.

그림을 색칠해요

말씀을 따라 써요

● 마태복음 21:13

기	록	된		바		내		집	은		기
도	하	는		집	이	라		일	컬	음	을
	받	으	리	라		하	였	거	늘		너
희	는		강	도	의		소	굴	을		만
드	는	도	다								

예수님께 기도해요

성전을 깨끗하게 만드신 예수님, 내 마음도 깨끗하게 해 주세요.

32일 천국은 혼인 잔치와도 같아요
마태복음 22:1-14

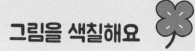

그림을 색칠해요

말씀을 따라 써요

● 마태복음 22:14

청	함	을		받	은		자	는		많	되
택	함	을		입	은		자	는		적	
으	니	라									

예수님께 기도해요

예수님의 영원한 잔치에 초대해 주셔서 감사해요.

33일 기름을 준비하는 어린이가 되어요

마태복음 25:1-13

그림을 색칠해요

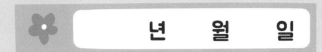

말씀을 따라 써요

● 마태복음 25:13

그	런	즉		깨	어		있	으	라		너
희	는		그	날	과		그	때	를		알
지		못	하	느	니	라					

예수님께 기도해요

기름을 준비한 슬기로운 신부처럼 나도 다시 오실 예수님을 바라보며 항상 깨어 준비할래요.

34일

예수님이 제자들과 마지막 만찬을 하셨어요

마태복음 26:17-30

그림을 색칠해요

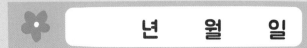

말씀을 따라 써요
● 마태복음 26:28

이	것	은		죄		사	함	을		얻	게
	하	려	고		많	은		사	람	을	
위	하	여		흘	리	는		바		나	의
	피		곧		언	약	의		피	니	라

예수님께 기도해요

예수님의 사랑을 항상 기억할래요.

왕으로 예루살렘에 입성하신 예수님

 기도로 가정예배를 준비해요

 마음 다해 찬양해요

호산나

호산나 호산나 호산나 높은 곳에서 / 호산나 호산나 호산나 높은 곳에서 / 주의 이름 높여 다 찬양하라 / 귀하신 주 나의 하나님 / 주님께 영광 돌리세

 함께 성경을 읽어요

오늘의 성경 말씀: 마태복음 21:1-11

온 가족이 모여 성경을 펴고 한 사람씩 돌아가면서 읽어요.

 말씀을 따라 써요

마태복음 21:6-11

6 제자들이 가서 예수께서 명하신 대로 하여
7 나귀와 나귀 새끼를 끌고 와서 자기들의 겉옷을 그 위에 얹으매 예수께서 그 위에 타시니
8 무리의 대다수는 그들의 겉옷을 길에 펴고 다른 이들은 나뭇가지를 베어 길에 펴고
9 앞에서 가고 뒤에서 따르는 무리가 소리 높여 이르되 호산나 다윗의 자손이여 찬송하리로다 주의 이름으로 오시는 이여 가장 높은 곳에서 호산나 하더라
10 예수께서 예루살렘에 들어가시니 온 성이 소동하여 이르되 이는 누구냐 하거늘
11 무리가 이르되 갈릴리 나사렛에서 나온 선지자 예수라 하니라

또박또박 따라 써요

▷ 도란도란 이야기해요

아래 질문으로 가족과 자유롭게 이야기 나눠요.

Q. 예수님이 나의 죄를 위해 십자가의 길을 걸어가셨다는 것을 믿나요? 나는 예수님을 무엇이라고 부르고 있는지 말해 보세요.

▷ 서로를 축복하며 기도해요

우리를 사랑하셔서 외아들을 보내신 하나님, 오늘도 우리의 예배를 받아 주셔서 감사합니다. 우리를 위해 십자가의 험한 길을 걸어가신 예수님의 사랑과 희생을 묵상합니다. 우리 가정이 상황에 따라 믿음이 변하지 않고 평생 동안 예수님만 섬기는 믿음의 가정이 되게 해 주세요. 예수님의 이름으로 기도합니다. 아멘.

35일

예수님이 겟세마네 동산에서 기도하셨어요

마태복음 26:36-46

그림을 색칠해요

말씀을 따라 써요

• 마태복음 26:39

내		아	버	지	여		만	일		할
만	하	시	거	든		이		잔	을	내
게	서		지	나	가	게		하	옵	소 서
	그	러	나		나	의		원	대	로
마	시	옵	고		아	버	지	의		원 대
로		하	옵	소	서					

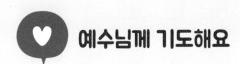

예수님께 기도해요

하나님의 뜻대로 살아갈래요.

 **36일** 예수님이 빌라도의 재판에서
침묵하셨어요

마태복음 27:11-26

그림을 색칠해요

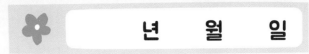

말씀을 따라 써요

마태복음 27:26

이	에		바	라	바	는		그	들	에	게
	놓	아		주	고		예	수	는		채
찍	질	하	고		십	자	가	에		못	
박	히	게		넘	겨	주	니	라			

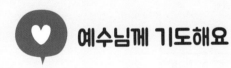
예수님께 기도해요

제가 올바른 결정을 할 수 있도록 도와주세요.

37일 예수님이 군인들에게 조롱당하셨어요

마태복음 27:27-31

그림을 색칠해요

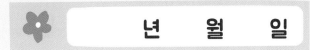

 말씀을 따라 써요

● **마태복음 27:29**

그		앞	에	서		무	릎	을		꿇	고
	희	롱	하	여		이	르	되		유	대
인	의		왕	이	여		평	안	할	지	어
다		하	며								

 예수님께 기도해요

나의 죄 때문에 주님이 당하신 놀림과 괴롭힘을 잊지 않을래요.

97

38일 예수님이 십자가에 못 박히셨어요

마태복음 27:32-44

 그림을 색칠해요

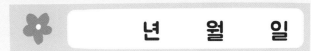

말씀을 따라 써요

● 마태복음 27:35

그	들	이		예	수	를		십	자	가	에
	못		박	은		후	에		그		옷
을		제	비		뽑	아		나	누	고	

예수님께 기도해요

나를 구원하기 위해 십자가에 못 박히신 주님의 사랑을 생각하게 해 주세요.

39일 예수님이 숨을 거두셨어요

마태복음 27:45-56

엘리 엘리 라마 사박다니

말씀을 따라 써요

● 마태복음 27:46

제	구	시	쯤	에		예	수	께	서		크
게		소	리		질	러		이	르	시	되
엘	리		엘	리		라	마		사	박	다
니		하	시	니		이	는		곧		나
의		하	나	님	,	나	의		하	나	님
,	어	찌	하	여		나	를		버	리	셨
나	이	까		하	는		뜻	이	라		

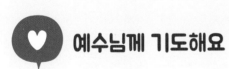

예수님께 기도해요

나를 구원하기 위해 십자가에 못 박혀 죽으신 예수님을 더 많이 사랑할래요.

40일

예수님이 무덤에 묻히셨어요

마태복음 27:57-61

그림을 색칠해요

말씀을 따라 써요

• 마태복음 27:59-60

요	셉	이		시	체	를		가	져	다	가
	깨	끗	한		세	마	포	로		싸	서
	바	위		속	에		판		자	기	
새		무	덤	에		넣	어		두	고	
큰		돌	을		굴	려		무	덤		문
에		놓	고		가	니					

 예수님께 기도해요

나의 것을 예수님께 드리고 싶어요.

부활하신 예수님

 기도로 가정예배를 준비해요

 마음 다해 찬양해요

무덤 이기신 예수

무덤 이기신 예수 / 죽으시고 다시 사셨네 / 죄의 저주 끊으셨네 / 예수 승리의 주 할렐루야 / 예수 만유의 주 / 할렐루야 할렐루야 할렐루야 / 영광의 찬양 주께 / 할렐루야 할렐루야 할렐루야 / 영광의 찬양 주께

 함께 성경을 읽어요

오늘의 성경 말씀: 마태복음 28:1-20

온 가족이 모여 성경을 펴고 한 사람씩 돌아가면서 읽어요.

 말씀을 따라 써요

마태복음 28:5-10

5 천사가 여자들에게 말하여 이르되 너희는 무서워하지 말라 십자가에 못 박히신 예수를 너희가 찾는 줄을 내가 아노라

6 그가 여기 계시지 않고 그가 말씀하시던 대로 살아나셨느니라 와서 그가 누우셨던 곳을 보라

7 또 빨리 가서 그의 제자들에게 이르되 그가 죽은 자 가운데서 살아나셨고 너희보다 먼저 갈릴리로 가시나니 거기서 너희가 뵈오리라 하라 보라 내가 너희에게 일렀느니라 하거늘

8 그 여자들이 무서움과 큰 기쁨으로 빨리 무덤을 떠나 제자들에게 알리려고 달음질할새

9 예수께서 그들을 만나 이르시되 평안하냐 하시거늘 여자들이 나아가 그 발을 붙잡고 경배하니

10 이에 예수께서 이르시되 무서워하지 말라 가서 내 형제들에게 갈릴리로 가라 하라 거기서 나를 보리라 하시니라

또박또박 따라 써요

📶 도란도란 이야기해요

아래 질문으로 가족과 자유롭게 이야기 나눠요.

Q. 예수님이 부활하셨다는 사실을 믿나요? 부활하신 예수님을 누구에게 전하고 싶은지 말해 보세요.

📶 서로를 축복하며 기도해요

생명의 주인 되시는 하나님, 오늘 예배를 통해 예수님의 부활 소식을 듣게 하시니 감사합니다. 죽음을 이기시고 부활하셔서 우리에게 새로운 소망을 선물로 주시는 예수님을 믿습니다. 기쁨으로 주님의 부활을 전하는 삶을 살도록 인도해 주세요. 예수님의 이름으로 기도합니다. 아멘.

예수님과 함께하는 40일 실천표

40일 완독증

이름 _____

《 예수님과 함께하기 : 사순절 》
40일 실천 챌린지
성공을 축하합니다.

위 어린이는 사순절 기간
마태복음 따라 쓰기와 색칠하기를
성실히 수행하였기에
이 증서를 드립니다.

년   월   일

_____ 드림